ALLOCUTION

Prononcée à Hippone, le 9 octobre 1881

AU SACRE

DE MONSEIGNEUR

BARTHÉLEMY-CLÉMENT COMBES

ÉVÊQUE D'HIPPONE & DE CONSTANTINE

PAR

L'ARCHEVÈQUE D'ALGER

ADMINISTRATEUR APOSTOLIQUE DE CARTHAGE

ALGER

ADOLPHE JOURDAN, LIBRAIRE-ÉDITEUR

IMPRIMEUR DE L'ARCHEVÊCHÉ

1881

ALLOCUTION

Prononcée à Hippone, le 9 octobre 1881

AU SACRE

DE MONSEIGNEUR

BARTHÉLEMY-CLÉMENT COMBES

ÉVÊQUE D'HIPPONE & DE CONSTANTINE

PAR

L'ARCHEVÊQUE D'ALGER

ADMINISTRATEUR APOSTOLIQUE DE CARTHAGE

~~~~~~~~~~

ALGER

ADOLPHE JOURDAN, LIBRAIRE-ÉDITEUR

IMPRIMEUR DE L'ARCHEVÊCHÉ

—

1881
~~~~~~~~~~

ALLOCUTION

POUR LE SACRE

DE MONSEIGNEUR

BARTHÉLEMY-CLÉMENT COMBES

PAR

L'ARCHEVÊQUE D'ALGER

———

> *Qui benedixerit tibi, benedic-*
> *tionibus repleatur !*
>
> *Que celui qui vous bénira soit*
> *lui-même comblé de bénédictions !*
>
> GEN. XXVII. 28.

Tels sont, Monseigneur, les vœux qu'Isaac avait réservés à Esaü, son premier-né, et que Jacob seul devait recevoir. Ces vœux, que je viens de renouveler pour vous, dans les saintes prières de la Liturgie, je les destinais, de même, au Fils que j'ai perdu (1) et que mes yeux cherchent, malgré moi, dans cette cérémonie sainte. J'y retrouve, il est vrai, ses mains, c'est-à-dire les armes qu'il avait adop-

______

(1) Mgr François-Charles-Marie Gillard, Évêque élu d'Hippone et de Constantine, et comme Mgr Combes, ancien Vicaire général d'Alger, mort le 29 septembre 1880, au moment où il allait recevoir, à Hippone, la Consécration épiscopale, des mains de Mgr Lavigerie.

tées et que, dans une pensée délicate, vous avez relevées pour vous-même ; mais sa voix est muette désormais, et au lieu d'elle, c'est la vôtre que je viens d'entendre : « *Manus quidem manus sunt Esaü, vox autem vox Jacob est!* (1). »

Vous ne serez pas jaloux de ce souvenir ; car vous avez partagé ma douleur, comme vous partagiez ma tendresse, ô vous, nouveau Jacob que l'Église me présente aujourd'hui, revêtu des vêtements fraternels. Il y a un an, presque à pareil jour, votre frère devait monter au même autel, s'asseoir sur le même trône, recevoir l'imposition des mêmes mains consacrées. Et de tout cela il ne reste rien qu'une espérance tristement trompée ! Et je n'ai, comme Isaac, qu'une consolation à ma douleur, celle que ces bénédictions que nous n'avons pu lui souhaiter sur la terre, il les a reçues dans le ciel : « *Motus Isaac dixit (ad Esau) : In rore cœli desuper erit benedictio tua!* (2) »

Et c'est vous, Monseigneur, vous que votre douceur, comme celle de Jacob, a rendu l'objet des prédilections de l'Église, votre Mère (3), qui venez de recevoir, à sa place, les bénédictions des Patriarches.

Écoutez-les, une fois encore, les bénédictions qui tout à l'heure se trouvaient sur les lèvres de ces religieux Pontifes (4) et sur les miennes ! « Voici, disait Isaac

---

(1) Gen. XXVII.

(2) Gen. XXVII.

(3) *Jacob lenis erat... Rebecca diligebat Jacob.* Gén. XXVII.

(4) Mgr Dusserre, Archevêque de Damas, Coadjuteur d'Alger ; Mgr Ardin, Évêque d'Oran.

à Jacob, que l'odeur de mon fils est montée vers moi comme l'odeur des champs de blé, qu'a fécondés le Ciel! Que les peuples soient tes serviteurs, ô mon fils, et que les tribus d'Israël t'entourent de leurs hommages! Que tes frères te reconnaissent pour leur Seigneur, et que les fils de ta mère courbent leur front devant toi! Que celui qui te maudira, soit maudit, et que celui qui te bénira, soit comblé de bénédictions! (1). »

Mais au lieu que, dans l'ancienne alliance, tout avait un sens terrestre et grossier, dans l'alliance nouvelle, tout est spirituel, tout est céleste. Lorsque nous vous souhaitons, Monseigneur, des champs fertiles, des richesses, la domination sur vos frères, nous ne parlons que par figure. Le royaume où vous entrez est un royaume où, selon la pensée de saint Bernard (2), on n'est le premier que pour servir, où l'on ne possède les biens de la terre que pour les distribuer à ceux qui souffrent, où la pauvreté est regardée comme un privilége, la douceur et le pardon comme les seules armes qui assurent la victoire, les épreuves comme le gage assuré du véritable bonheur; où l'on n'est associé, enfin, à la puissance du Maître que pour partager ses persécutions et son sacrifice. Ce sont les seules bénédictions qui, en nous rendant vraiment semblables à Jésus-Christ, nous permettent de

____

(1) Genes. XXVII.

(2) S. Bern. de Consider. Prol.

nous présenter, en son nom, au peuple chrétien : « *Bene-dictus qui venit in nomine Domini* (1) ».

Cette doctrine a été vraie dans tous les temps, même dans ceux où les apparences étaient contraires. Mais combien ne l'est-elle pas visiblement dans le nôtre ! C'est en vain que nous chercherions, aujourd'hui, pour l'Église la puissance et les faveurs de la terre. De toutes parts, les menaces l'environnent. On la calomnie, on la dépouille, on annonce hautement le dessein de l'asservir, et, à voir l'ardeur du combat, on pourrait craindre sa ruine, si elle n'avait reçu les promesses d'En Haut et si ces promesses ne l'avaient assurée de la victoire pour le jour même où elle serait comme écrasée sous les malédictions et les calomnies : « *Beati estis, cum maledixerint vobis et dixerint omne malum adversum vos, mentientes, propter me* (2). »

C'est dans de telles conjonctures, Monseigneur, que vous êtes associé au gouvernement de l'Église de Dieu et que vous devenez le Chef d'un Diocèse. Il vous appartiendra donc désormais de guider vos frères dans la lutte contre les efforts croissants de l'impiété, et c'est pour cela que nous vous avons armé des armes spirituelles dont les ornements du Pontife sont le symbole.

O Monseigneur ! Sachons combattre les bons combats, dans cette lutte, dont les âmes sont le prix. Gardons-nous des lâches défaillances qui pourraient les trahir ; mais ne

---

(1) Marc XI. 10.
(2) Matth. V. 11.

nous gardons pas moins des erreurs funestes qui les perdraient à jamais ! La vérité, la justice, la charité, la miséricorde sont les seules armes qui conviennent à notre ministère. La vérité, nous ne pouvons ni la taire, ni la diminuer, ni l'amoindrir. Malheur à nous, l'Église nous le rappelait tout à l'heure, si nous nommions jamais mal ce qui est bien, ou bien ce qui est mal ; mais malheur à nous aussi, si nous imposions à nos frères un joug qu'ils ne pourraient porter, si nous exagérions à plaisir des devoirs déjà difficiles, si nous rendions la vérité odieuse par la dureté de notre cœur ou par l'aigreur de notre parole ! Malheur à nous, si nous la faisions descendre des hauteurs sereines où elle doit rester, pour la mêler aux compétitions et aux passions humaines.

Oh ! qu'elles méritent de pitié, ces âmes de notre siècle, errantes comme des brebis sans pasteur, ces multitudes battues et entraînées par la tempête, comme des barques désemparées ! Comme nous devons éviter d'augmenter leur malheur, en ajoutant à tous leurs maux celui de notre abandon !

Parmi ces âmes, il y en a de coupables, sans doute, et celles-là même, nous ne devons pas les maudire ; mais il y en a surtout d'égarées, et celles-là, nous devons de toutes manières chercher à les ramener et à les secourir. Chose étrange et lamentable, dans ce siècle où l'on semble ne vanter que la science et la lumière, ce sont l'ignorance et le préjugé qui partout constituent le mal suprême.

Ceux qui abandonnent la religion, ceux qui la combattent,

ceux qui nous fuient, pour la plupart ne nous connaissent pas. Ils se font, de nous et de notre foi, des fantômes dont ils s'épouvantent comme à plaisir, tandis qu'ils nous suivraient, s'ils connaissaient la vérité. Ils nous croient ennemis de la raison, et nous défendons ses droits ; de la science, et nous la regardons, avec la foi, comme la gloire la plus pure de l'humanité ; de la patrie, et nous sommes prêts à nous sacrifier pour elle. Ils n'ont aucune exacte idée ni de nos dogmes, ni de notre morale ; ils les jugent sur les œuvres d'écrivains sans mission, ou sur des termes dont ils n'ont pas compris la portée. Et nous, nous voyons avec désespoir le mal grandir et devenir sans remède. Il se creuse un abîme entre ceux qui conservent le culte de Dieu, et ceux qui s'en déclarent les adversaires ; et dans cet abîme, le monde chrétien peut sombrer.

Frappons nos poitrines. Nous avions tout ce qu'il fallait pour ramener, pour éclairer, pour changer le monde, puisque nous avions tout ce qu'avaient les Apôtres, lorsqu'une première fois ils l'ont converti. Ils n'avaient, avec la grâce d'en haut qui n'est point diminuée, que la vérité et l'amour. Et comment la vérité et l'amour qui avec eux ont opéré ces prodiges, sont-ils restés stériles entre nos mains ?

Tout ce que je viens de dire, Monseigneur, je l'emprunte à dessein, sans y rien ajouter de moi-même, à votre immortel Prédécesseur, à ce grand homme que Dieu n'avait, ce semble, dans un siècle trop semblable au nôtre, laissé descendre si profondément dans les voies de l'erreur que pour lui mieux apprendre le secret d'en ramener ses frères. Mais aujourd'hui ses paroles ne suffisent pas. Son nom est dans tous nos cœurs, et il demande à éclater enfin sur nos lèvres et à retentir dans ces espaces qu'il a autrefois animés et comme remplis de sa présence, de sa voix, de ses vertus, de son génie.

Vous avez, en effet, cette gloire, Monseigneur, non-seulement de succéder à Augustin sur un Siége immortel, mais encore d'être le premier, après lui, à recevoir la consécration épiscopale dans les lieux même où il l'a reçue, il y a quinze siècles. O jour à jamais mémorable pour Hippone ressuscitée ! car Hippone se confond, dans les souvenirs de l'Église, avec Augustin lui-même.

Il n'y était pas né cependant ; il y vint de Tagaste, sa patrie. Mais les Catholiques, justement fiers de le compter dans leurs rangs, s'en emparèrent, selon les mœurs de ce temps-là, et le firent, de force, ordonner prêtre par l'Évêque, le vieux Valère, humble et pauvre comme son troupeau. Augustin n'avait guère alors que trente-six ans. Lorsqu'il mourut, il en comptait soixante-seize. C'est donc quarante années qu'il est demeuré dans ces lieux, qu'il a contemplé ce ciel pur, ce soleil, cette mer, ces rivages, ces montagnes.

O, Mes Très-Chers Frères ! je vous porte vraiment une sainte envie. Il me semble qu'un si grand homme a dû laisser ici quelque chose de lui-même, et que cette nature incomparable a dû lui communiquer, à son tour, quelque chose de son charme et de sa puissance ; qu'elle garde encore le secret de ces mystérieux échanges. Vos collines et vos plaines couvertes de leurs moissons ou de leur verdure, sont l'emblème de la fécondité de son âme ; la mer immense qui s'étend sous vos yeux, avec ses flots d'azur et ses tempêtes, celui de l'étendue de son génie et des troubles de son cœur ; les profondeurs de votre ciel, durant les pures nuits de notre Afrique, celui de la subtilité pénétrante à qui nulle profondeur n'était fermée. J'assiste, en esprit, à ces ascensions mystérieuses dont il parle avec une touchante éloquence, à ces bonds sublimes par lesquels, à travers ces espaces, il allait toucher jusqu'au cœur de Dieu. Ainsi je m'abîme, malgré moi, dans la contemplation de cette grande âme, cherchant à retrouver ses pensées et ses impressions ; ses pensées, dans les écrits qui nous restent d'elle, ses impressions, dans ces lieux où sa vie s'est écoulée.

Que de faits, dans cette vie, dont un seul suffirait à illustrer le nom d'une cité ordinaire, et qui se pressent ici, sans nombre, dans nos souvenirs !

C'est dans son Hippone qu'il a reçu, du Métropolitain de la Numidie, la consécration épiscopale, comme vous l'avez vous-même, Monseigneur, reçue de nos mains. La terre où vous vous êtes prosterné, est cette terre où il s'est prosterné lui-même, avant de courir à des combats qui ont rempli le monde.

C'est ici qu'il a écrit les grandes OEuvres qui ont immortalisé son nom ; ses traités sur la grâce et le libre arbitre, qui sont encore la lumière de l'Église et la règle de sa foi ; ses commentaires innombrables sur les Écritures ; ses réfutations de toutes les erreurs de son temps ; sa *Cité de Dieu*, résumé de la science antique ; ses *Confessions*, monument éternel de son repentir, de sa foi, de la tendresse et de la délicatesse de son génie ; ce livre que toutes les générations chrétiennes ont admiré, où toutes les mères cherchent une espérance, qui a fait couler les larmes de tant de pécheurs. Ne suffirait-il pas à lui seul pour rendre Hippone chère à tout l'univers ?

C'est ici que, chaque jour, jusqu'aux dernières années de sa vie, il instruisait les petits et les humbles, il consolait les pauvres, il aidait son troupeau de ses démarches et de ses conseils.

C'est d'ici qu'il entrait en relations avec toutes les grandes âmes de son temps ; qu'il écrivait aux empereurs, aux généraux, aux comtes, aux préfets des provinces ; qu'il s'adressait aux Papes et aux Conciles ; qu'il entretenait un commerce suivi avec saint Jérôme à Jérusalem, avec saint Paulin dans la Campanie, avec les Évêques des Gaules, avec les plus grandes Dames Romaines, Proba, Mélanie, Julienne, Démétriade ; et Hippone devenait ainsi le point sur lequel, de toutes parts, se tournaient les yeux des Chrétiens.

C'est ici qu'enfin, après tant de travaux, de luttes, de gloires, il a vu approcher l'heure de la récompense ; que, dans son Hippone assiégée par les Vandales, il est mort, on peut le dire, de douleur de la voir perdue, n'adressant à Dieu que deux prières : celle de la sauver des mains de ses ennemis qui étaient aussi les ennemis de la foi, ou de le laisser périr avant elle. Dieu l'exauçait, et il mourait, inondé des larmes versées sur les fautes de sa jeunesse et sur les imperfections de son âge mûr.

Mais Hippone ne le gardait pas toujours. Le reste de l'Afrique sollicitait aussi sa présence, Carthage surtout, siége de son Primat et centre de sa vie religieuse et politique. Il l'avait connue au temps de ses désordres et de ses erreurs. Il aimait à y revenir comme par un sentiment de repentir et d'humilité. Il prêchait dans ses Basiliques, il prenait part à ses Conciles, il entourait de son affection et de son respect l'Évêque Aurèle.

Vous me permettrez, Monseigneur, de rendre grâces, avec vous, aux attentions maternelles de la Providence divine. Elle avait destiné la France à relever ces deux Siéges immortels, et notre humilité à y prendre place ; car voici celui d'Augustin sur lequel vous venez de vous asseoir, et moi je pars demain pour rétablir, par les ordres de Léon XIII, le Siége de saint Cyprien, le Siége d'Aurèle, et cette Église de Carthage, dont je vais désormais porter le nom, comme vous porterez le nom d'Hippone.

Cette ressemblance n'est pas la seule entre les temps anciens et les temps nouveaux. Il y en a d'autres, hélas ! non moins visibles. Comme au temps d'Augustin, l'Église, la société sont menacées par d'implacables ennemis. Ils triompheront un moment, peut-être ; et, comme Augustin mourant, nous verrons de nos yeux attristés les Vandales de la civilisation consommer leurs ruines. Nous demanderons à Dieu d'être, du moins, jusqu'au bout, saintement fidèles à nos devoirs d'Évêques, à ces devoirs que vous avez juré de remplir et dont l'Esprit Saint vous a donné la grâce.

Et vous, Mes Très-Chers Frères, que le désir d'assister à cette admirable cérémonie attire aujourd'hui en si grand nombre dans ce temple, vous qui l'ornez plus encore par ces manifestations de votre foi et de vos espérances que par les richesses dont vous avez voulu le revêtir, puissiez-vous, après cette résurrection du Siége d'Augustin, faire aussi refleurir dans son Hippone les vertus dont il fut l'inspirateur et le modèle ! Comme le peuple dont il était le Pasteur, vous appartenez à toutes les races des bords de la Méditerranée ; vous y venez de Malte, de l'Italie, des Gaules, attirés, comme ses anciens habitants, par la beauté de votre ciel, par la fécondité de vos campagnes, par l'asile sûr que votre port offre au commerce. Je vous souhaite, avec tous les biens d'ici-bas, la même docilité que vos prédécesseurs à la voix de votre Pasteur et de votre Père pour ce qui regarde les choses du ciel. Le paganisme, le manichéisme, le pélagianisme, l'arianisme, le donatisme, la secte cruelle des circoncellions régnaient à Hippone et s'efforçaient, dans le principe, d'étouffer la voix d'Augustin. Lorsqu'il mourut, il avait vaincu toutes ces erreurs. Il les avait vaincues par sa science, par son éloquence, par son zèle, par sa patience, par sa douceur. C'est le principe du grand Apôtre dont il fut le disciple fidèle :

« *Noli vinci a malo, sed vince in bono malum !* (1) » C'est aussi le vôtre, Monseigneur ; car hier vous inauguriez déjà, ici même, un Séminaire pour la formation de votre Clergé et l'éducation chrétienne de l'enfance, et, ce soir, vous poserez la première pierre d'une Basilique, où la piété viendra renaître et se fortifier au contact des restes d'Augustin.

Vivez donc, M. T.-C. F., vivez heureux sous cette tendre sollicitude ! Profitez des richesses de votre sol, jouissez de sa beauté, renouvelez sa gloire ! Mais surtout faites-y revivre les vertus des anciens jours !

Ainsi-soit-il !

----

(1) Rom. XII. 21 .

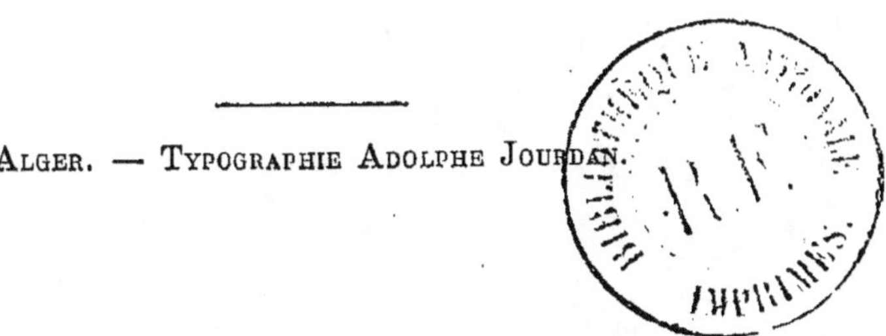

ALGER. — TYPOGRAPHIE ADOLPHE JOURDAN.

ALGER. — TYPOGRAPHIE ADOLPHE JOURDAN.